AF467951

PRIX : 60 CENTIMES

H. GOYER de SENNECOURT

OU ALLONS-NOUS?

LES REFORMES

« Ce qui se dit tout bas!
« Et qu'on devrait exprimer très haut!

LA

MANIE DU FONCTIONNARISME

Ah! c'est un Républicain?
Eh bien! qu'il crève de faim..

4 AVRIL 1883.

PARIS
LIBRAIRIE DE E. DENTU, ÉDITEUR
Palais-Royal, 15-17-19, galerie d'Orléans

1883

H. GOYER de SENNECOURT

OU ALLONS-NOUS?

LES REFORMES

« Ce qui se dit tout bas !
« Et qu'on devrait exprimer très haut !

LA

MANIE DU FONCTIONNARISME

Ah ! c'est un Républicain ?
Eh bien ! qu'il crève de faim...

4 AVRIL 1883.

PARIS
LIBRAIRIE DE E. DENTU, EDITEUR
Palais-Royal, 15-17-19, galerie d'Orléans

1883

SOMMAIRE

OU ALLONS-NOUS ?

LES RÉFORMES

CHAPITRE PREMIER

DU GACHIS POLITIQUE.
RESTERONS-NOUS EN RÉPUBLIQUE ?
CE QU'ON DEMANDE PARTOUT.
OU ALLONS-NOUS ?

LA MANIE DU FONCTIONNARISME

CHAPITRE II

DE LA FOLIE DES GRANDEURS, DU DÉLIRE DE PERSÉCUTION ET DE LA MANIE DU FONCTIONNARISME.

CHAPITRE III

QUELQUES MOTS SUR LES LIBÉRAUX, LES AUTORITAIRES ET LES ANARCHISTES.

Cet opuscule est dédié à la Démocratie par un vieux Patriote Républicain de 1848.

PARIS, CE 4 AVRIL 1883.

H. DE SENNECOURT.

OU ALLONS-NOUS?

CHAPITRE PREMIER

DU GACHIS POLITIQUE. — RESTERONS-NOUS EN RÉPUBLIQUE? CE QU'ON DEMANDE PARTOUT.

Par suite de l'incertitude de la direction politique hésitante, où semble se trouver la République depuis quelques années, les réactionnaires ou les cléricaux s'empressent de dire et de faire dire *partout* :

« Vous voyez donc bien que la République n'est pas « possible en France, que c'est un gâchis déplorable, vu « qu'il n'y a pas d'hommes de valeur dans le parti répu- « blicain. »

A moins d'être de mauvaise foi, un observateur sérieux doit reconnaître que ce gâchis, si gâchis il y a, comme le disent ces soi-disant conservateurs, est beaucoup plus apparent que *réel*.

Qui tient, d'ailleurs, ces propos ?

Les vieilles classes dirigeantes; elles voient bien que le pouvoir va leur échapper, et que le peuple, s'apercevant qu'il est trompé et toujours mystifié, a l'intention de revendiquer *énergiquement* ses droits de souveraineté méconnue.

Comment veut-on que la République s'organise sans Républicains dirigeants et sans Constitution républicaine ?

Quels sont ceux qui nous ont mis dans ce gâchis ?

Il faut avouer *franchement* que ce ne sont pas les Républicains, mais bien *les anciens partis qui dirigent toujours*; ces soi-disant hommes intelligents n'ont qu'un but: celui de dégoûter de la République.

S'il y avait des idiots, ce ne seraient pas les Républicains sincères, mais ces soi-disant républicains conservateurs, ces transfuges des anciens partis, qui sont toujours prêts à trahir la République.

Ces faux bonshommes politiques semblent faire les idiots pour mieux faire tomber la République; en cela ils ne sont pas si idiots qu'on le suppose, puisqu'ils trouvent le moyen ingénieux de mystifier les républicains loyaux; ils sont donc conséquents avec eux-mêmes en agissant ainsi :

Aux républicains intelligents de ne pas en être dupes.

Le peuple, trop confiant en leurs promesses, n'aurait pas dû les nommer sénateurs ou députés.

Il y a certainement au Sénat et à la Chambre des loyaux et des sincères républicains; malheureusement, le nombre en est encore bien restreint!!!

Il serait donc à désirer qu'il y ait une dissolution prochaine, de manière que de nouvelles élections puissent faire arriver les *vrais républicains de la démocratie progressive*.

Il faut espérer que le peuple, plus éclairé, mieux inspiré, saura choisir, cette fois-ci, ses véritables représentants.

On dit qu'il n'y a pas d'hommes de valeur dans le parti républicain:

Qu'on aille donc voir dans toutes ces réunions politiques et démocratiques, il sera bien facile de reconnaître qu'il y a parmi tous ces orateurs républicains, radicaux, démocrates ou socialistes, *des hommes réellement intelligents*, pouvant remplir les plus hautes situations gouvernementales *aussi bien et même mieux* que tous ces personnages des vieilles classes dirigeantes, qui sont toujours les ennemis du progrès de notre état social.

Il ne faut pas être de bonne foi, pour ne pas reconnaître cette évidence.

La République n'a donc rien à craindre de voir arriver de nouvelles élections, *car la République est le seul gouvernement possible en France*, si elle est représentée dignement par des républicains loyaux et intelligents.

Si un coup d'Etat était tenté par les vieux partis monarchiques, les vieilles classes dirigeantes n'auraient pas à se plaindre, si la démocratie socialiste faisait un second 89, pour revendiquer ses droits méconnus.

Il serait donc *urgent* qu'il y ait à *bref délai une Constitution réellement républicaine* et qu'on accordât ces réformes si impatiemment attendues, car elles sont demandées *partout*, même dans la plus humble chaumière.

Avec ces réformes admises par le gouvernement, la République n'aura plus rien à craindre des agissements hostiles des partis.

La France sera respectée partout en Europe et par toutes les puissances étrangères, qui verront en elle un Etat sérieusement organisé.

La confiance et le calme renaîtront; les anciens partis

reconnaissant que leur lutte n'est plus possible, se rallieront sincèrement à la République.

Les affaires du monde financier, industriel, commercial et agricole reprendront une prospérité réelle et progressive.

Le bonheur de notre patrie, si cruellement éprouvée, sera enfin arrivé !!!

Tels sont les souhaits ardents de tous les honnêtes gens et des vrais républicains !

Voilà où nous allons !

Un vieux patriote de 48,

H. DE SENNECOURT.

LA

MANIE DU FONCTIONNARISME

Ah ! c'est un republicain?
Eh bien ! qu'il crève de faim !

4 AVRIL 1883.

LA MANIE DU FONCTIONNARISME

UN MOT

SUR

LES LIBÉRAUX, LES AUTORITAIRES & LES ANARCHISTES

CHAPITRE II

DE LA FOLIE DES GRANDEURS, DU DÉLIRE DE LA PERSÉCUTION, DE LA MANIE DU FONCTIONNARISME

Autrefois, du temps de la Monarchie, et surtout à l'époque de l'Empire, on avait propagé sur une vaste échelle la théorie de deux graves maladies mentales :

La folie des grandeurs,
Le délire de la persécution.

Certainement il existe malheureusement beaucoup de personnes atteintes d'aliénation mentale ; les maisons d'aliénés ont donc leur raison d'être ; mais les genres spéciaux de la folie des grandeurs et du délire de la persécution sont bien plus rares qu'on semble le supposer !

Notre docte Faculté et surtout les administrations spéculantes des maisons d'aliénés en ont largement profité !

Il serait donc urgent d'y mettre un terme, en modifiant cette loi arbitraire du 30 juin 1838, qui permet tant d'abus révoltants ! et cela par une surveillance active et vigilante, basée, d'après une loi nouvelle, qui réglemente *sévèrement* les maisons d'aliénés.

Un projet de loi doit avoir lieu prochainemeut à ce sujet et doit être soumis aux Chambres ; il faut espérer que cette réforme, *si indéfiniment ajournée*, chaque fois qu'elle été proposée, sera cette fois-ci adoptée.

En effet, la théorie exagérée des maladies citées plus haut, surtout la dernière (le délire de la persécution) a été souvent exploitée pour permettre d'étouffer les plaintes justifiées de beaucoup de malheureuses victimes, qui n'étaient nullement atteintes de folie.

Cela est bien triste à dire ! Mais il y a eu bien des personnes qui ont subi les conséquences de cette loi arbitraire de 1838.

Les cléricaux ont tant de procédés odieux pour arriver à leurs fins ! Combien de fois a-t-on vu entrer dans les maisons d'aliénés des personnes qu'on enfermait là, parce qu'elles étaient gênantes pour les gouvernants monarchiques, ou bien encore pour plaire à certains parents puissants ou spéculants.

Aujourd'hui nos dirigeants politiques ont innové un autre genre de maladie mentale :

La manie du fonctionnarisme.

Un certain nombre de sénateurs, de députés et de ministres même professent ouvertement cette nouvelle théorie bien extraordinaire !

En voici la cause :

Les vieilles classes dirigeantes voudraient conserver la direction des affaires du pays ; comme elles voient que le pouvoir va leur échapper, qu'ont-elles imaginé ? C'est de dire et de faire dire que les républicains *sont des coureurs de places*, et cela dans le but de conserver *naturellement* les hautes fonctions gouvernementales, de manière que les républicains soient toujours leurs esclaves.

Cette théorie de la manie du fonctionnarisme, si habilement combinée par les vieux partis, a trouvé malheureusement des adhérents parmi les républicains puissants, naïfs ou de mauvaise foi, mais *surtout* parmi ces soi-disant républicains à foi politique douteuse.

Cette théorie absurde est donc pour laisser en place *les potentats de la Réaction* et du parti clérical, et pour permettre à nos dirigeants politiques de refuser aux républicains dévoués les positions qu'ils pourraient occuper et qu'ils méritent, suivant les conditions d'aptitudes voulues pour ces situations.

Jusqu'à ce moment-ci la République n'est pas effective : elle n'en a que le nom.

Les malheureux républicains (malgré les hauts cris des vieux partis, qui se plaignent *pour la forme* et *sans motifs*), sont toujours mis à *l'index*.

On doit le dire hautement, tout intelligents qu'ils peuvent être, les républicains sont encore à notre époque, repoussés et conspués de tous cotés ; car les hautes situations du gouvernement ne sont jamais pour eux.

Quand par hasard un républicain parvient à une position élevée, s'il ne sait pas naviguer avec les classes dirigeantes et s'il ne trahit pas ses amis politiques, il est souvent disgracié, ou *mis en quarantaine*.

Non seulement les sincères républicains sont repoussés

par les dirigeants du gouvernement, mais encore par toutes les administrations industrielles, financières...... en dehors du gouvernement, attendu que ces administrations sont peuplées de gens hostiles aux républicains.

C'est ainsi que les républicains, *réellement* dévoués à la Démocratie *progressive, meurent encore de faim ou dans les angoisses de la misère*, sans pouvoir vivre de leur travail manuel ou intellectuel, s'ils ont le malheur d'être connus ou de se faire connaître.

Les malheureux ouvriers travailleurs sont ainsi chassés de leurs ateliers par les cléricaux, qui règnent toujours *en maîtres absolus.*

« Ah ! disent-ils, c'est un républicain, eh bien ! qu'il « crève de faim, en attendant qu'on le fusille un jour, *com-* « *me les autres*, ou qu'on l'envoie mourir dans une colonie « pestilentielle. »

Les cléricaux excellent surtout pour pratiquer habilement la théorie infâme de couper les vivres aux personnes qu'ils n'aiment pas ! Mais ce qui est encore *aussi* triste à constater c'est de voir nos dirigeants politiques faire le jeu de la réaction, en disgraciant les fonctionnaires républicains estimés et dont l'attitude est correcte, et cela sous la pression du parti clérical, qui connaît si bien la théorie des perfides insinuations!

Quand ces malheureux fonctionnaires disgraciés demandent à être réintégrés, malgré les démarches de nombreux protecteurs, ils sont continuellement mystifiés. On ne s'inquiète pas si leur situation personnelle est précaire !

« *Ne perdez pas courage*, leur dit-on, *votre tour viendra.* »

Mais naturellement il ne vient jamais. Ces promesses illusoires sont une manœuvre *pour les lasser* de demander et aussi pour mieux les mystifier.

Quant aux républicains, qui demandent à servir le gouvernement, si intelligents qu'ils soient, c'est encore la même chose ; à moins d'être dans *les coteries des hommes puissants*, leurs demandes sont rarement accueillies.

Il n'est pas étonnant de voir dans les bureaux des ministères *les jeunes attachés s'amuser au dépens de tous ces vieux fonctionnaires en activité ou disgraciés et de tous les républicains, dont ils convoitent les places* acquises ou sollicitées ; les huissiers même, peu républicains, les imitent.

Dans beaucoup d'administrations civiles et militaires des procédés analogues sont employés aussi contre les républicains.

C'est bien triste à constater !!! (1).

Non ! les républicains ne sont pas *des coureurs de places* parce qu'ils veulent une République avec des républicains dirigeants ; s'ils avaient, comme on le prétend, la manie du fonctionnarisme, on devrait bien dire de *ces sénateurs* et *de ces députés, qui tiennent de pareils propos*, qu'ils ont, *eux, la manie du sénatorisme*, de la *députation*, de *l'indifférentisme* et *surtout* celle du *non-possumus*.

En effet, s'ils ne veulent pas de la révision de la Constitution. c'est qu'ils craignent de voir le Sénat supprimé, (sinécure si enviée par beaucoup de sénateurs et de députés). C'est parcequ'ils ont peur de ne plus être réélus, et enfin parce qu'ils ne veulent pas accorder ces réformes si impatiemment attendues par la vraie démocratie.

Ainsi donc, comme on le voit, c'est une véritable mystifi-

(1) Pour faire hommage à la vérité, sous le ministère actuel, il y a un changement notable à cet égard.

cation de dire que les républicains sont des coureurs de places et qu'ils ont la manie du fonctionnarisme.

C'est ce qui se dit tout bas et qu'on devrait exprimer très-haut.

CHAPITRE III

QUELQUES MOTS SUR LES AUTORITAIRES, LES LIBÉRAUX ET LES ANARCHISTES

Si nos dirigeants politiques continuent cette théorie ambiguë de conduire ainsi la République, on n'osera bientôt plus dire franchement qu'on est républicain.

En effet, on se qualifie simplement de *libéral*, d'*autoritaire* ou d'*anarchiste.*

Les hommes politiques, qui se qualifient *républicains avancés*, disent qu'ils sont *libéraux* sans autre désignation

Il semblerait réellement qu'on est revenu en 1830! C'est une véritable dérision!

Une réflexion bien simple à ce sujet :

Un républicain est toujours libéral; on ne peut pas être républicain sans être libéral.

C'est donc un pléonasme que d'ajouter le qualificatif de libéral à l'expression de républicain; mais un homme politique, se qualifiant simplement de libéral, *peut fort bien ne pas être un républicain* et n'être au fond qu'un légitimiste, un bonapartiste et *particulièrement* un orléaniste; c'est là précisément le cas de beaucoup de dirigeants politiques à notre époque.

La désignation de républicain autoritaire n'a pas non plus sa raison d'être, car un républicain ne doit pas représenter la *dictature.*

Cette désignation ne doit pas non plus s'appliquer au pouvoir exécutif, par cela même que ce pouvoir doit respecter *scrupuleusement* la volonté des représentants de la Nation.

Cependant on aurait tort de qualifier un ministère de l'expression d'autoritaire, parce qu'il exécute et fait exécuter par ses fonctionnaires *rigoureusement l'esprit des lois* et cela en faisant respecter *partout* les institutions républicaines, le gouvernement même, serait blâmable s'il ne remplissait pas ces conditions, d'une manière *juste et énergique* ; car un gouvernement sans direction, sans autorité, sans aucune espèce d'initiative, conduirait certainement à l'anarchie; les représentants du Peuple ne peuvent pas en effet, entrer dans les détails de l'exécution des lois qu'ils font; au gouvernement donc, au pouvoir exécutif autrement dit, à se conformer à ces prescriptions.

Ainsi donc il ne doit exister que des républicains radicaux, démocrates, progressistes ou socialistes, mais non pas des hommes politiques, qui se qualifient *simplement* de libéraux ou d'autoritaires; car ces faux bonshommes politiques sont rarement des républicains.

Quant aux anarchistes ils sont, pour la plupart, des hommes qui n'appartiennent à aucun parti; les uns sont des égarés ou des républicains qui ont trop souffert, les autres des misérables qui cherchent à pêcher en eau trouble dans les moments de révolution.

Les anarchistes parfois sont des malheureux, bien à plaindre, qu'on pourrait peut-être encore ramener au bien en examinant *attentivement* leurs misères ou leurs souffrances ! D'autres au contraire, étant des ennemis implacables de la société, doivent être surveillés et punis sévèrement en les envoyant dans une colonie, dont le climat ne soit pas pestilentiel ; car s'ils sont des hommes dangereux, ce n'est pas une raison pour les faire mourir par des souffrances ou des tortures odieuses.

Par un vieux républicain de 48,

H. de SENNECOURT.

P. S. — Il est possible qu'il y ait quelques modifications à faire dans certains détails exposés; mais le dispositif de l'ensemble, on doit le reconnaître, représente l'*exacte vérité* de ce qu'on entend dire *partout* par les sincères républicains ou par tous les honnêtes gens, qui jugent sans esprit de parti.

Paris. — Imp. centrale de Journaux 14, rue des Jeûneurs. Devillaire directeur.

IMPRIMERIE CENTRALE DE JOURNAUX
14, RUE DES JEUNEURS, DEVILLAIRE, DIRECTEUR

www.ingramcontent.com/pod-product-compliance
Ingram Content Group UK Ltd.
Pitfield, Milton Keynes, MK11 3LW, UK
UKHW020540230726
13925UKWH00006B/2398

9 782014 054934